COUPS MONTÉS

Trucs et astuces pour faire marcher tes amis

Texte de
David Acer

Illustrations de
Stephen MacEachern

Texte français de MARTINE FAUBERT

Éditions **Scholastic**

Remerciements

Ce livre est inspiré de la série télévisée *Les aventuriers du mystère*, créée par Jonathan Finkelstein et produite par la société Apartment 11 Productions en collaboration avec YTV et Discovery Networks International. Nous remercions tout spécialement Jonathan d'avoir accordé sa permission pour la réalisation de ce livre ainsi que Mindy Laxer pour l'avoir rendue possible.

Crédits

p. 8 : Le jeu de cartes spécial utilisé pour tester la perception extrasensorielle a été inventé par Karl Zener dans les années 1930.

p. 14 : Un magicien nommé Ed Balducci a été le premier à publier l'explication du truc pour faire de la lévitation, vers le mois de juillet 1974. Il a dit qu'il avait appris ce truc d'un de ses cousins, il y avait bien longtemps. On ne sait pas qui en est le véritable inventeur.

p. 22 : Le truc de téléportation est en fait un tour de magie très connu, inventé par le célèbre magicien U. F. Grant.

p. 40 : Les tours de cartes où on force quelqu'un à prendre une certaine carte sont courants. Celui-ci, pour faire croire à un voyage dans le temps, a été inventé par Max Holden.

p. 48 : Le truc du Dave manquant, dans Le mot de la fin, est une illusion géométrique. Nous nous sommes inspirés d'une version de ce truc créée par Pat Lyons et intitulée « Le farfadet manquant ».

Catalogage avant publication de Bibliothèque et Archives Canada

Acer, David

Coups montés : trucs et astuces pour faire marcher tes amis / David Acer;
illustrations de Stephen MacEachern; texte français de Martine Faubert.

Traduction de : Gotcha!.
D'après la série télévisée Mystery hunters.
Pour les jeunes de 8 à 12 ans.
ISBN 978-0-545-99148-3

1. Impostures--Ouvrages pour la jeunesse. 2. Curiosités et merveilles--Ouvrages pour la jeunesse. 3. Occultisme--Ouvrages pour la jeunesse. I. MacEachern, Stephen II. Titre.

BF1042.A3414 2008   j001.9'5   C2008-901001-9

Copyright © Apartment 11 Productions Inc., 2008, pour le texte.
Copyright © Apartment 11 Productions Inc. et Stephen MacEachern, 2008, pour les illustrations.
Copyright © Éditions Scholastic, 2008, pour le texte français.
Copyright © Apartment 11 Productions Inc., 2008, pour les photos Digi-Grab par Jason Levy.
Tous droits réservés.

Il est interdit de reproduire, d'enregistrer ou de diffuser, en tout ou en partie, le présent ouvrage par quelque procédé que ce soit, électronique, mécanique, photographique, sonore, magnétique ou autre, sans avoir obtenu au préalable l'autorisation écrite de l'éditeur. Pour la photocopie ou autre moyen de reprographie, on doit obtenir un permis auprès d'Access Copyright, Canadian Copyright Licensing Agency, 1, rue Yonge, bureau 800, Toronto (Ontario) M5E 1E5 (téléphone : 1-800-893-5777).

Ni l'éditeur ni l'auteur ne pourront être tenus responsables de tout dommage causé par l'exécution de toute activité de ce livre ou en résultant, soit parce que les instructions n'auront pas été suivies correctement, ou que les activités auront été exécutées sans la surveillance appropriée ou que les mises en garde contenues dans le texte auront été ignorées.

Conception graphique par Julia Naimska

Édition publiée par les Éditions Scholastic, 604, rue King Ouest, Toronto (Ontario) M5V 1E1
avec la permission de Kids Can Press Ltd.

5 4 3 2 1   Imprimé à Singapour   08 09 10 11 12

Table des matières

Entrevue avec Dave Le Sceptique ◊ 4

L'hypnose ◊ 6

Aventure du mystère : Christina hypnotisée!

Teste ta perception extrasensorielle ◊ 8

Le secret du roi Midas ◊ 10

Des traces de pas gigantesques! ◊ 12

Aventure du mystère : Araya et Christina suivent les traces de pas

La lévitation ◊ 14

La chasse aux fantômes ◊ 16

Comment tordre des cuillères ◊ 18

Aventure du mystère : Araya apprend à tordre des cuillères

La photo d'OVNI ◊ 20

La téléportation ◊ 22

Jeu de ouïja ◊ 24

La vidéo du monstre du lac ◊ 26

Aventure du mystère : Araya et Christina vont à la pêche au monstre du lac

La télékinésie ◊ 30

Un zombi à table ◊ 32

La main qui guérit ◊ 34

La vidéo d'OVNI ◊ 36

Aventure du mystère : Araya visite la NASA

Le voyage dans le temps ◊ 40

La photo de fantôme ◊ 42

Aventure du mystère : Christina photographie un fantôme

Comment lire dans les pensées ◊ 44

Les traces d'atterrissage d'OVNI ◊ 46

Aventure du mystère : Araya fabrique des traces d'atterrissage d'OVNI

Le mot de la fin de Dave Le Sceptique ◊ 48

Entrevue avec Dave Le Sceptique

As-tu déjà attrapé un fantôme? Voyagé dans le temps? Prédit l'avenir? Tordu une cuillère par la force de ta pensée? Dave Le Sceptique, le grand aventurier du mystère de réputation internationale, a réussi tout ça et maintenant, c'est à ton tour d'en faire autant! Mais d'abord, tu te demandes sûrement qui donc est ce Dave Le Sceptique et comment il s'y prend pour faire tous ces trucs cool? Nous l'avons traqué jusque dans sa tanière (d'accord : jusque dans sa cuisine) et nous lui avons demandé de nous confier ses secrets.

Animateur : Dave Le Sceptique, racontez-nous qui vous êtes et comment vous vous y prenez pour faire tous ces trucs cool.

Dave Le Sceptique : Je suis un superhéros extraterrestre venu d'une autre dimension et j'ai de nombreux pouvoirs comme : lire dans les pensées, faire de la téléportation et changer les marionnettes à main en humains.

A : C'est vrai?

Dave : Oui, sauf pour tout ce qui suit les mots « Je suis ».

A : Je vois…

Dave : Sérieusement, je suis un magicien, un scientifique et un sceptique, et je fais partie d'une équipe qui s'appelle Les aventuriers du mystère.

A : Qui sont donc les aventuriers du mystère?

Dave : Nous sommes trois individus à la recherche de toutes sortes de phénomènes inexpliqués dans le monde.

A : Par exemple?

Dave : Les monstres de lac, les maisons hantées, les vendeurs de chaussures qui peuvent voler … Les trucs habituels, quoi!

A : Vous avez vraiment rencontré un vendeur de chaussures qui pouvait voler?

Dave : C'est-à-dire qu'en fait c'était un menteur.

A : Ça ne m'étonne pas!

Dave : Il n'était pas vraiment vendeur de chaussures…

CHRISTINA

ARAYA

A : Ouah! Et qui sont les deux autres aventuriers du mystère?

Dave : Ce sont deux adolescents très futés et très audacieux, qui s'appellent Araya et Christina.

A : Et jusqu'où leur chasse aux mystères les a-t-elle amenés?

Dave : Ils ont cherché des preuves du passage d'extraterrestres sur terre, sur mer et dans les airs. Ils se sont introduits dans des châteaux, des tombeaux et des caves, à la recherche de fantômes. Ils ont traversé à pied des jungles et des déserts, et ils sont descendus dans des égouts, à la poursuite de monstres. Par la même occasion, ils ont rencontré toutes sortes de types bizarres qui prétendaient savoir lire dans les pensées, tordre des cuillères ou voyager dans le temps. Il y en avait même un qui était capable de se retourner les paupières à l'envers.

A : Beurk!

Dave : Ouais, je ne vous le fais pas dire!

A : Finalement, qu'est-ce qu'on peut apprendre, en lisant ce livre?

Dave : On y apprend à téléporter ses amis, filmer des extraterrestres, faire de la lévitation. Ce genre de trucs, quoi!

A : Sans blague?

Dave : Est-ce que les crocodiles rotent?

A : Je ne sais pas.

Dave : Moi non plus. Et si vous avez d'autres questions, vous n'avez qu'à continuer votre lecture!

BURP!

L'hypnose

Sais-tu que tu peux apprendre à envoûter les gens grâce à l'hypnose? Eh oui! Il te suffit de faire ta médecine à l'université pendant sept ans et de te spécialiser en psychiatrie! En attendant, voici un bon truc pour faire croire que tu sais hypnotiser les gens. Tu peux même en faire l'essai sur toi tout de suite, et sans poser ce livre!

1. Tiens-toi contre un mur, comme si tu étais une porte ouverte, et appuie le côté de ton pied droit contre la moulure du bas. Tes deux pieds doivent être alignés avec tes épaules et tu ne dois pas toucher le mur.

2. Essaie de soulever ton pied gauche lentement et de faire un petit pas en avant. Vas-y!
   Tu abandonnes déjà? Pas capable, hein? C'est parce que, pour soulever ton pied gauche, tu dois déplacer ton poids sur ton pied droit, mais le mur t'en empêche.

3. Refais la même chose avec un ami, en lui disant que tu vas l'hypnotiser. Donne-lui les instructions et regarde-le. Pour le sortir de son « état », place-toi à côté de lui et dis-lui : « Tu vas retrouver ta force... MAINTENANT! » Puis demande-lui de s'avancer vers toi. Il devra nécessairement se retourner, et le mur ne l'empêchera plus de marcher!

Christina hypnotisée!

Est-ce qu'on peut se servir de l'hypnose pour faire faire des choses à quelqu'un contre sa volonté, comme manger des vers de terre ou voler de l'argent? C'est ce que Christina a voulu savoir quand elle est allée chez l'hypnotiseur Jeff Oatman.

Jeff l'a mise en état de transe, puis il lui a dit qu'elle était Britney Spears. C'est bizarre, mais elle l'a cru! Elle s'est mise à chanter « Oops!... I Did It Again ».

Est-ce qu'elle était vraiment hypnotisée? Voici ce qu'elle en a dit : « Je me voyais en train de chanter. Ça ne me dérangeait pas : il ne m'a rien fait faire contre ma volonté. » Donc, quand on est hypnotisé, on n'est pas vraiment sous l'emprise de l'hypnotiseur. Et si Christina avait été hypnotisée pour raconter ça...?

Teste ta perception extrasensorielle

T'arrive-t-il de sentir que quelqu'un te regarde ou de deviner qui appelle, quand le téléphone sonne? Ou combien de doigts j'ai de levés? Si tu as répondu « oui », « oui » et « trois », tu as peut-être le don de perception extrasensorielle. Voici un test qui te permettra de le vérifier. Fais ensuite passer ce test à tes amis pour voir qui est le meilleur.

Il te faut

- 1 feuille de papier
- 1 crayon
- 1 jeu de cartes spécial, composé de 25 cartes portant 5 symboles : un carré, un rond, un signe +, une étoile et 3 lignes parallèles. Tu peux le fabriquer toi-même en découpant 25 carrés dans une grande feuille de carton et en dessinant chaque symbole sur 5 carrés.

1. Brasse les cartes, puis dépose le paquet à l'envers sur la table.

2. Prends la première carte sans la retourner et essaie de deviner quel symbole s'y trouve.

3. Inscris ta réponse sur la feuille de papier, puis dépose la carte à côté du paquet, sans la retourner. Continue comme ça jusqu'à la dernière carte, en inscrivant tes réponses dans l'ordre et en déposant chaque carte sur le deuxième paquet, toujours à l'envers.

4. À la fin, retourne le paquet de cartes. Sur le dessus, tu devrais voir la première carte que tu as devinée. Vérifie ta réponse sur la feuille et marque si elle est bonne ou non.

5. Continue jusqu'à la dernière carte, puis compte le nombre de bonnes réponses que tu as obtenues.

Résultats

1 à 5 bonnes réponses :	pas de chance et pas doué du tout.
6 à 9 bonnes réponses :	pas mal chanceux, mais probablement pas doué.
10 bonnes réponses ou plus :	Bravo! Tu as probablement le don de perception extrasensorielle.

Donc la perception extrasensorielle existe bel et bien? Je savais que tu allais me poser la question. En fait, on ne le sait pas vraiment. Mais on sait de façon sûre que ceux qui prétendent avoir ce don utilisent généralement un truc pour le faire croire.

Le secret du roi Midas

Ce serait bien si tu pouvais changer en or tout ce que tu touches, non? Pas si fantastique que ça, selon le roi Midas. D'après la légende, il aurait reçu d'un dieu le pouvoir de changer en or tout ce qu'il touchait. (On ne sait pas grand-chose de son frère, qui aurait reçu le don de tout changer en asperge...) Quand Midas a vu que tout ce qu'il touchait se changeait en or, il a compris que ce don était en fait une malédiction. Il n'aurait pas eu tous ces problèmes s'il avait appris à faire semblant de changer les choses en or. Voici comment t'y prendre.

Il te faut

- 2 crayons de la même longueur, un peint en doré (avec de la peinture ou du vernis à ongles) et l'autre d'une autre couleur, comme bleu ou rouge
- 1 serviette de table en tissu assez épais pour qu'on ne puisse pas voir au travers

1. Commence par cacher le crayon doré sous la serviette, comme ceci.

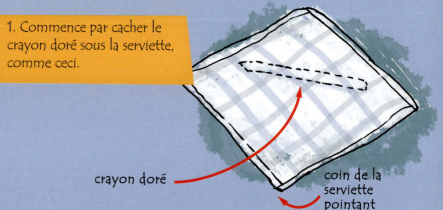

crayon doré

coin de la serviette pointant vers toi

Décale un peu les deux coins.

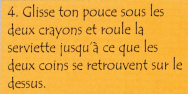

2. Pose l'autre crayon sur la serviette, comme ceci.

3. Dis à tout le monde que tu vas changer le crayon en or, puis prends le coin de la serviette le plus près de toi et replie-le comme ceci.

4. Glisse ton pouce sous les deux crayons et roule la serviette jusqu'à ce que les deux coins se retrouvent sur le dessus.

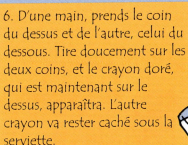

5. Voici le petit tour de passe-passe. Roule la serviette encore un tout petit peu plus, pour que le coin qui se trouve en dessous pointe vers le haut de l'autre côté.

6. D'une main, prends le coin du dessus et de l'autre, celui du dessous. Tire doucement sur les deux coins, et le crayon doré, qui est maintenant sur le dessus, apparaîtra. L'autre crayon va rester caché sous la serviette.

7. Prends le crayon doré et montre-le à tout le monde, pour détourner leur attention. Pendant ce temps-là, ramasse la serviette et l'autre crayon et mets-les dans ta poche.

Est-ce qu'un jour, on pourra vraiment changer les objets en or? Oui : quand les poules auront des dents! En réalité, les scientifiques ont déjà réussi à fabriquer de l'or : avec du plomb, dans une énorme machine appelée un réacteur nucléaire. Le problème, c'est que ça coûte des millions de fois plus cher que la valeur de l'or obtenu. Comme l'a dit le directeur de ce laboratoire en recevant la facture : pas très rentable!

Des traces de pas gigantesques!

Aimerais-tu faire croire qu'il y a un monstre dans ton voisinage? Tout ce qu'il te faut, c'est un gros pied et un endroit où il y a de la boue! Voici comment t'y prendre.

Il te faut

- du papier d'aluminium
- du ruban-cache

1. Avec du papier d'aluminium froissé, façonne cinq orteils, la plante du pied et le talon. Il faut vraiment rouler le papier d'aluminium en boule.

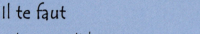

3. Avec le ruban-cache, attache le pied à ta chaussure, comme ceci.

4. Presse ton pied dans la boue, puis retire-le. Tu ne le croiras peut-être pas, mais même la mère du yeti en personne s'y laisserait prendre!

2. Avec le ruban-cache, assemble d'abord les parties du pied, puis recouvre-le entièrement, comme ceci.

Araya et Christina suivent les traces de pas

La Terre serait-elle peuplée de créatures aux pieds gigantesques? Araya et Christina sont partis à leur recherche dans trois régions des États-Unis : le sasquatch en Oregon, le singe-mouffette en Floride et le monstre de bayou en Louisiane. En Oregon, ils ont essayé d'attirer le sasquatch avec l'enregistrement d'un authentique cri de cette créature, selon certains chercheurs.

En Louisiane, des chasseurs de monstres ont donné à Araya un moulage en plâtre d'un pas du monstre de bayou : il était trois fois plus gros que son pied à lui!

Finalement, Araya et Christina n'ont pas vu un seul de ces drôles de zigotos. Alors, ils n'existent pas? Nnnnooouuuiii… Difficile à dire, mais tant qu'on ne trouvera pas autre chose que des empreintes de pieds (comme des poils, des os ou un coupe-ongles géant), tout ce qu'on pourra dire c'est qu'ils ont des pieds.

En Floride, ils ont essayé d'appâter le singe-mouffette avec des pommes (son aliment favori, selon les gens de la région).

La lévitation

Voici un bon truc pour avoir l'air de t'élever dans les airs par la force de ta pensée. (C'est aussi une façon amusante de cueillir les pommes sur les branches basses.) Tu as besoin d'un ami pour t'aider à t'exercer. Il te faudra un peu de temps pour réaliser ce coup monté, mais ça vaut vraiment la peine de persévérer.

1. Tiens-toi debout dos à ton ami, fais trois grandes enjambées, puis tourne-toi un peu vers la gauche.

2. Colle tes deux pieds ensemble. Ton ami ne doit pas être en mesure d'apercevoir la pointe de ta chaussure droite.

3. Écarte les bras pour garder ton équilibre, puis soulève ton pied gauche en le gardant à plat et relève le talon droit! Tes deux talons doivent toujours se toucher; ainsi ton ami ne pourra pas voir entre tes deux pieds.
La pointe de ta chaussure droite sera cachée, alors ton ami aura l'impression de voir tes deux pieds se soulever dans les airs.

4. Repose ton pied sur le sol, puis plie un peu les genoux, comme si tu venais de sauter d'une balançoire. Si ton ami te dit qu'il a vu comment tu t'y étais pris, recommence en te tournant un peu plus ou un peu moins vers la gauche avant de « léviter ». Tu peux aussi essayer de t'éloigner de lui un peu plus ou un peu moins.

Est-ce qu'on peut vraiment faire de la lévitation? OUI! En montant dans une montgolfière, autrement nous resterons ici-bas avec les écureuils.

La chasse aux fantômes

Es-tu seul chez toi? En es-tu bien sûr? Un fantôme se cache peut-être dans ta chambre en ce moment même! Voici deux trucs que les chasseurs de fantômes connaissent bien. Il te suffit d'avoir une boussole, un thermomètre et, si tu as de la chance, un fantôme! Mais, est-ce que ça existe vraiment? Certainement : dans ma vie, j'ai vu des tas de boussoles et des tas de thermomètres…

Il te faut

- 1 thermomètre numérique
- 1 boussole qui indique les points cardinaux

1. Prends le thermomètre et la boussole, et rends-toi dans la pièce la plus bizarre de ta maison, comme le grenier ou la cave. Prends chacun de ces objets dans une main et fais le tour de la pièce. Vérifie le long des murs et derrière tout ce qui pourrait servir de cachette à un fantôme.

2. Les chasseurs de fantômes disent que les fantômes sont froids. Donc si tu trouves un endroit où le thermomètre se met soudain à descendre, il y a peut-être un fantôme! Ils disent aussi que les fantômes sont électromagnétiques. Donc, si l'aiguille de ta boussole se met à osciller, c'est peut-être qu'il y a un fantôme.

Que dois-tu faire, si tu penses avoir trouvé un fantôme?
Il y a deux choses à garder à l'esprit :

Un endroit où il fait froid, ça peut être causé par des paquets d'autres choses qu'un fantôme. De l'air froid peut se glisser par des trous d'aération ou des fentes dans les murs. Alors, quand tu trouves un point froid, cherche d'abord une cause naturelle avant de conclure à un phénomène surnaturel.

Une boussole est un instrument très sensible, et il ne faut pas grand-chose pour faire bouger son aiguille, entre autres, les aimants (même ceux qu'on ne voit pas) et plusieurs types d'appareils électriques. Alors, avant de dire que c'est la faute d'un fantôme, cherche une autre explication.

Les fantômes existent-ils? Réponds-moi sérieusement parce que ton opinion en vaut bien d'autres. Des tas de gens disent qu'ils en ont vu ou entendu, ou qu'ils ont détecté leur présence. J'ai même un ami qui prétend pouvoir sentir leur odeur. Mais tout ça ne prouve rien.

Comment tordre des cuillères

Voici un bon truc pour faire croire que tu peux tordre une cuillère par la seule force de ta pensée. En fait, c'est une illusion d'optique dérangeante pour tout le monde qui en est témoin (particulièrement les collectionneurs de cuillères).

1. Pose la cuillère à la verticale sur la table et enveloppe le manche avec tes deux mains, comme ceci.

2. Glisse discrètement ton petit doigt gauche derrière le manche, comme ceci.

4. Vu d'en avant, on dirait que la cuillère se tord en deux! Attends une seconde, puis montre la cuillère pour dévoiler que ce n'était qu'un bon tour!

Ce que tu vois

3. Abaisse doucement tes mains vers la table, comme si tu tenais toujours le manche, et en même temps laisse le manche basculer vers toi.

Ce que ton auditoire voit

Ce que tu vois

Araya apprend à tordre des cuillères

Si un hibou se présentait chez toi pour t'inviter à suivre un cours de tordage magique de cuillères, accepterais-tu d'y aller? Araya l'a fait! Sauf que l'invitation n'est pas venue d'un hibou, mais par courriel. Quand il s'est présenté à ce cours, il a vu d'autres enfants et des tas de cuillères tordues très bizarrement.

Alors, Araya et ses camarades de classe ont-ils vraiment tordu les cuillères par la force de leur pensée? Hum… non. Les cuillères, ils les ont tordues avec leurs mains.

Araya et les autres enfants ont chacun reçu une provision de cuillères à tordre et, à la fin de la leçon, elles étaient toutes tordues!

Mais l'instructrice détournait leur attention en leur disant des choses comme : « Les molécules de la cuillère vont t'obéir » ou « Imagine que la cuillère ramollit ». À la fin, ils ne savaient plus comment les cuillères s'étaient tordues.

La photo d'OVNI

As-tu déjà vu un ovni? Bien sûr que non. Personne n'en a jamais vu parce que les ovnis n'existent pas. Et si je te le dis, ce n'est pas parce que deux hommes en noir sont juste derrière moi. Alors, si les ovnis n'existent pas, comment se fait-il que des gens en aient photographié? Élémentaire, mon cher Watson : les gens prennent des photos d'objets qu'ils croient être des ovnis et qui, finalement, sont des objets bien réels, comme des avions, des ballons sondes météorologiques ou même, de simples oiseaux. Voilà, affaire classée : les ovnis n'existent pas. Content de t'avoir été utile. Parlons maintenant de choses plus importantes. Le patriotisme par exemple. Tu sais que le patriotisme est très important parce que…
Ouf! Maintenant que ces deux-là sont partis, je peux te montrer comment faire des fausses photos d'ovni qui ont l'air tellement vraies qu'elles pourraient te valoir une visite des hommes en noir en personne!

Il te faut

- 1 bout de ruban gommé
- 1 pièce de 25 cents
- 1 auto
- 1 appareil photo

1. Forme une boucle avec le bout de ruban gommé, puis colle-le sur la pièce de 25 cents.

2. Colle la pièce sur le pare-brise de l'auto, un petit peu plus haut qu'à mi-hauteur.

3. Assieds-toi sur la banquette arrière et prends des tas de photos du pare-brise en ayant soin de bien cadrer la pièce de 25 cents et en faisant la mise au point sur l'horizon.

4. Sur les photos, la pièce aura l'air d'une soucoupe volante en vol stationnaire!

Est-ce qu'on a déjà réussi à prendre de vraies photos d'ovnis? Maintenant que les hommes en noir ne sont plus là, je peux te dire la vérité : je l'ignore. Pire encore : personne, mais absolument personne au monde ne le sait. Pourquoi? Parce que toutes les photos d'ovnis qui ont pu être prises sont soit floues, soit douteuses, soit carrément des canulars. Est-ce que ça veut dire qu'elles sont toutes fausses? Non. Mais seul un extraterrestre pourrait dire lesquelles sont vraies. Alors, ce n'est plus la peine d'en discuter

La téléportation

Ce serait bien si tu pouvais disparaître d'un endroit et réapparaître dans un autre, non? Plus besoin d'attendre l'autobus scolaire. Plus besoin de faire la queue à l'aéroport. Plus besoin de rester coincé dans les bras de ta grand-mère. Impossible? Peut-être, mais voici quand même un truc pour faire croire que tu en es capable.

Il te faut

- 2 boîtes de carton, dont le fond et le haut ont été enlevés
- 2 amis

La première boîte doit être assez grande pour que le premier ami puisse tenir dedans. Tu dois découper une ouverture sur un des côtés, assez grande pour que ton ami puisse y passer.

La deuxième boîte doit être un peu plus grande que la première.

1. Avant l'arrivée de tes spectateurs, aplatis la plus grande boîte et tiens-la comme ceci, avec ton ami caché derrière.

2. Quand tout le monde est prêt, demande à ton autre ami (ton « assistant ») de soulever la boîte plus petite pour montrer qu'elle est vide. (Il doit prendre soin de garder la face percée vers l'arrière-scène.)

3. Ton assistant dépose sa boîte comme ceci. Puis ton ami qui est accroupi doit se glisser par le trou de la boîte plus petite.

4. Soulève la boîte aplatie, en annonçant que c'est un téléporteur. Ouvre-la et, avec l'aide de ton assistant, glisse-la par-dessus la boîte plus petite.

5. Fais faire un tour complet aux boîtes pour montrer les quatre faces à ton auditoire.

6. En faisant semblant d'appuyer sur un bouton, dis : « Je vais appuyer sur ce bouton, et regardez bien… » Alors ton ami qui était caché sort de la boîte, comme par magie!

Est-ce qu'on peut vraiment téléporter des objets? Disons que, en 2002, des savants ont réussi à téléporter un faisceau de lumière d'un côté à l'autre de leur laboratoire. Évidemment, ce n'est pas aussi impressionnant que la téléportation d'un humain. Mais ça voudrait quand même dire que, un jour, la téléportation sera vraiment possible (malheureusement, pas assez vite pour te permettre de te dégager des bras de ta grand-mère, la prochaine fois qu'elle te fera un gros câlin).

Jeu de ouïja

Les fantômes peuvent-ils répondre à des questions par l'intermédiaire d'une planche de ouïja? Très bonne question! Pour le vérifier, nous en avons fabriqué une et avons posé des questions à un fantôme.

Il te faut

- 1 rectangle de carton, à peu près grand comme un napperon
- 1 crayon feutre noir
- 1 petit morceau de carton en forme de goutte d'eau, avec un trou dans la partie la plus large et du feutre collé dessous

1. Sur le haut du rectangle de carton, écris les lettres de l'alphabet. Dans le bas, inscris : oui, non, au revoir.

2. Pose le pointeur (le carton en forme de goutte d'eau) au milieu de la planche de ouïja. Laisse le bout de tes doigts sur le pointeur, sans appuyer. Tu peux le faire seul ou avec des amis.

3. Commence par une question simple, comme : « Y a-t-il un fantôme ici? » Reste assis sans bouger et ne pousse pas sur le pointeur. Il y a des gens qui croient que les fantômes guident le pointeur, pour répondre aux questions. Pour cette première question, le pointeur devrait s'orienter vers le OUI.

4. Si tu obtiens une réponse à ta première question, continue à poser des questions comme « Comment t'appelles-tu? » ou « Qu'est-ce que tu fais là? » Le fantôme devrait répondre à chaque question (assez lentement en général) en faisant glisser le pointeur sur l'alphabet pour épeler ses réponses.

Alors, disons que le pointeur bouge. Est-ce que ça veut dire qu'il y a des fantômes dans la pièce? CERTAINEMENT... pas! La vérité, c'est que c'est toi qui fais bouger le pointeur. Tes muscles se contractent sans que tu t'en aperçoives, et c'est ce qui fait bouger le pointeur. Et c'est toi qui devines les réponses et qui épelles les mots. Tu ne me crois pas? Bande-toi les yeux, puis pose une autre question au ouïja et demande à un ami qui n'a pas les yeux bandés d'inscrire les lettres que tu auras indiquées avec le pointeur. Le résultat sera sûrement un mélange de n'importe quoi.

La vidéo du monstre du lac

Il y a 65 millions d'années, les océans étaient habités par toutes sortes de monstres géants. En resterait-il quelques survivants dans des lacs? Tout le monde aimerait avoir une réponse à cette question (en particulier les experts en sushis). Voici pour toi l'occasion de montrer au reste du monde que tu en as trouvé un! (un monstre du lac, pas un expert en sushis).

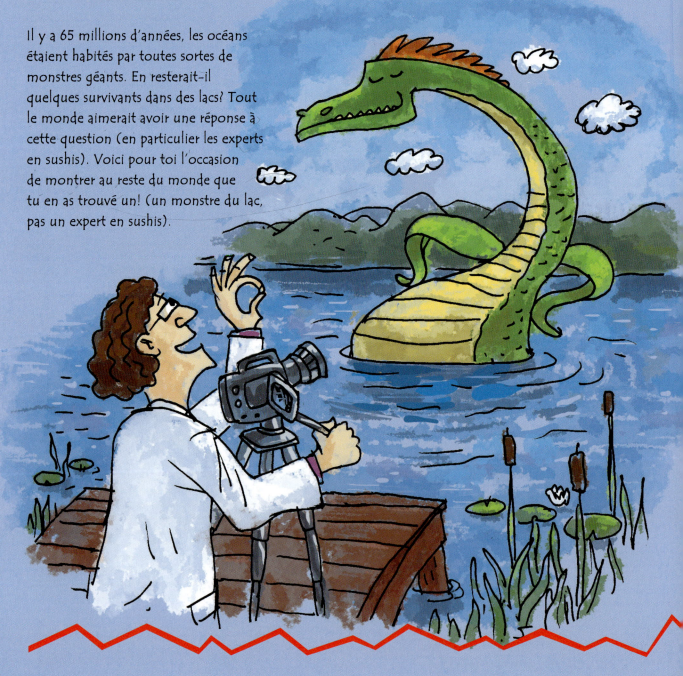

Il te faut

- 1 caméra vidéo
- 1 lac
- 1 ami
- 1 monstre du lac que tu fabriqueras toi-même

Fais preuve d'imagination et fabrique-le comme tu veux. Voici comment je m'y suis pris, la première fois. Je suis parti d'une nouille flottante (pour les piscines) qui faisait à peu près la moitié de la longueur de mon bras. Puis j'ai pris un cintre en métal, je l'ai défait et j'ai glissé la tige ainsi obtenue au centre de la nouille. J'ai alors pu donner à la nouille la forme d'un serpent géant qui sort la tête de l'eau. Ensuite, j'ai entouré la nouille de tissu gris et, à l'aide d'un fil de fer, j'ai fixé mon monstre du lac à une planche de bois. Finalement, je lui ai fait des yeux.

D'accord, mon monstre n'a peut-être pas l'air si effrayant que ça, vu de près. Même chose pour le tien d'ailleurs. Pour lui donner l'air vrai et terrifiant (si c'est ce que tu veux), tu n'auras qu'à utiliser les quatre trucs de tournage que voici.

1. Un objet qui n'a rien de mystérieux en soi peut le devenir…

… si on le filme de loin. Alors essaie de filmer ton monstre du lac du plus loin possible.

2. Il est difficile d'évaluer la grandeur réelle d'un objet qui apparaît dans un film s'il n'y a pas d'objet auquel le comparer.

Alors, si tu veux faire croire que ton monstre du lac est GROS, ne montre rien d'autre que le plan d'eau dans ta prise de vue et assure-toi que sa véritable taille n'est pas révélée par un objet qui flotterait près de lui.

3. Un objet qui bouge…

… ne le fait pas nécessairement par lui-même. Alors attache un bout de fil à pêche à ton monstre et fais-le tirer par un ami.

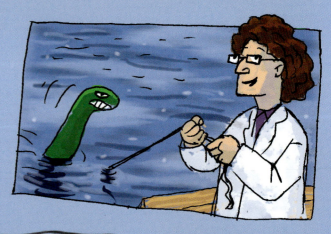

4. Enfin, bouge beaucoup avec ta caméra pour rendre l'image floue, comme celle-ci.

Les « vraies » vidéos de monstre de lac ressemblent en général à ça : difficile de dire si on a affaire à un vrai monstre ou non, quand on ne sait pas vraiment ce qu'on voit!

Araya et Christina vont à la pêche au monstre du lac

Depuis toujours, Araya et Christina voulaient voir un monstre de lac (oui, ils sont un peu toqués). Ils ont donc mis leurs maillots de bain dans leurs bagages et ils sont partis rencontrer les deux plus célèbres monstres de lac au monde.
Araya a essayé de trouver Nessie dans le Loch Ness, en Écosse, à l'aide d'un sonar.

Christina a essayé d'attraper le monstre du lac Iliamna, en Alaska, en utilisant un leurre de son invention.
Ont-ils trouvé leurs monstres? Serais-tu surpris si je te disais OUI? Moi aussi, parce que la réponse est non. Araya a appris là-bas que le Loch Ness ne contient pas assez de nourriture pour permettre à un monstre de lac de survivre. La plupart des monstres signalés dans ce lac ne sont probablement que des pièces de bois qui sont remontées du fond du lac vers la surface.
Mais Christina a découvert qu'il y a probablement des esturgeons géants dans le lac Iliamna, parfois assez gros pour pouvoir ressembler à des monstres de lac.

Personne n'a jamais attrapé d'esturgeon géant là-bas, mais Christina s'est bel et bien fait voler son leurre.

La télékinésie

Es-tu capable de tourner cette page rien qu'en y pensant? Vas-y, essaie… ATTENDS! N'oublie pas de la retourner, si jamais ça marchait! Bon, tu peux y aller maintenant.

Pas si facile que ça, hein? Ne t'en fais pas : c'est parce que c'est une grande page. Voici un truc qui marche à tous les coups, mais en prenant une feuille de papier plus petite.

Il te faut

- 1 crayon
- 1 règle
- 1 feuille de papier d'environ 10 cm sur 10 cm
- 1 bouchon de liège
- 1 aiguille à coudre

1. Avec la règle et le crayon, trace des lignes d'un coin à l'autre de ton carré de papier. Tu obtiendras un grand X.

2. Replie deux coins de la feuille, un vers le dessus et l'autre vers le dessous, comme ceci.

3. Pose le bouchon de liège à la verticale sur une table et plante l'aiguille à coudre dedans. Pose le carré de papier en équilibre en mettant le centre du X sur le bout de l'aiguille.

4. Place ta main près de la feuille et fais semblant de te concentrer. Au début, il ne se passera rien, mais si tu attends quelques secondes, le papier devrait se mettre à tourner sur lui-même, parfois lentement et d'autres fois, rapidement.

Pourquoi? Parce que la chaleur dégagée par ta main provoque de petits courants d'air qui, en venant toucher les coins repliés du papier, le font tourner. Comme personne ne peut voir les courants d'air, on dirait que c'est toi qui fais tourner le papier par la force de ta pensée.

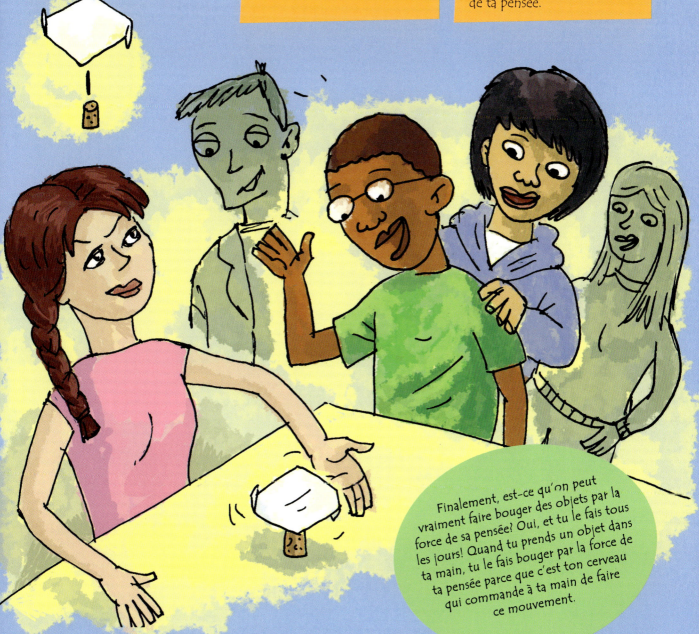

Finalement, est-ce qu'on peut vraiment faire bouger des objets par la force de sa pensée? Oui, et tu le fais tous les jours! Quand tu prends un objet dans ta main, tu le fais bouger par la force de ta pensée parce que c'est ton cerveau qui commande à ta main de faire ce mouvement.

Un zombi à table

La prochaine fois que tu auras des invités à dîner, pourquoi ne pas leur présenter ton cousin, un zombi sans tête, qui vient d'arriver d'Europe? Il passe tout son temps dans la salle à manger, à demander de la nourriture. Mais la seule façon de lui faire avaler quelque chose, c'est de l'enfourner dans l'encolure de sa chemise.

Il te faut

- 1 ami qui porte une grande chemise boutonnée devant

1. Fais asseoir ton ami au bout de la table. Les deux ou trois premiers boutons de sa chemise doivent rester déboutonnés.

2. Dis-lui de pencher la tête vers l'avant, puis repousse le collet derrière sa nuque et boutonne le premier bouton.

3. Demande-lui de mettre sa tête sous la table, de façon qu'on ne la voie pas. Puis redresse son collet un peu au-dessus de la table et assure-toi que le devant de la chemise touche le rebord de la table.

4. Mets-lui un couteau et une fourchette dans les mains et dis-lui de taper sur la table parce qu'il a faim. Vu de l'autre côté de la table, on dirait un zombi sans tête qui réclame à manger.

Les morts peuvent-ils vraiment sortir de leurs tombes et se mettre à errer comme des zombis? Je me suis rendu jusqu'en Angleterre. Au cimetière royal, j'ai réussi à trouver le fossoyeur en chef, Albert Vernon, pour lui poser la question. Voici ce qu'il m'a répondu : « Non ». Voilà, c'est tout! Il y a peut-être des tas de zombis à la télé et au cinéma, mais dans la vraie vie, tout ce qu'on peut rencontrer, ce sont des gens qui ont peur des zombis.

La main qui guérit

As-tu déjà essayé de soigner une coupure, une contusion ou un gros bouton infecté seulement avec tes mains? (Oui, je sais : pour le gros bouton, c'est ce que tout le monde fait.) Pour les autres, si tu as déjà essayé et que ça n'a pas marché, essaie le truc qui suit pour faire croire que tu as des dons de guérisseur.

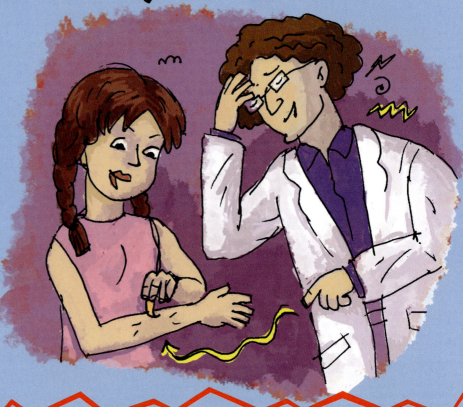

Il te faut

- 1 mouchoir ou 1 serviette de table en tissu, ayant un ourlet qui fait comme un petit tunnel tout le tour
- 2 cure-dents

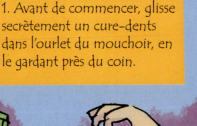

1. Avant de commencer, glisse secrètement un cure-dents dans l'ourlet du mouchoir, en le gardant près du coin.

2. Raconte cette histoire à un ami : un jour j'ai trouvé un oiseau qui avait une aile blessée. Je l'ai pris dans mes mains et ses ailes sont devenues toutes chaudes; puis l'oiseau a battu des ailes et s'est envolé. Ce jour-là, j'ai compris que j'avais le pouvoir de guérir de petites choses comme cet oisillon (sniff!). Puis dis-lui que tu es capable de réparer de petits objets brisés, comme un cure-dents. Pour le prouver, sors ton mouchoir de ta poche et dépose-le sur la table.

Le cure-dents caché est à l'intérieur du mouchoir, en haut à droite.

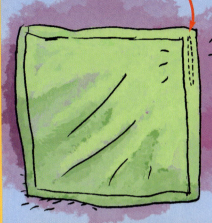

3. Dépose le deuxième cure-dents au centre du mouchoir.

4. Rabats le coin supérieur droit sur le cure-dents qui est au centre.

5. Rabats les autres coins vers le centre, puis prends le mouchoir là où se trouve le cure-dents caché, sans le soulever.

6. Dis à ton ami de prendre ce cure-dents avec ses deux mains. Quand il le tient, tu lâches le mouchoir. Il va penser que c'est le cure-dents qu'il a vu parce qu'il ne sait pas qu'il y en a un autre qui est caché. Là, dis-lui de briser le cure-dents.

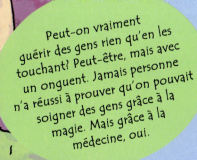

7. Quand c'est fait, demande-lui de lâcher le mouchoir. Puis dis-lui que tu vas te servir de ton don de guérisseur pour réparer le cure-dents. Passe ta main à plat au-dessus du mouchoir, puis déplie-le pour mettre à découvert le cure-dents qui est intact. Le cure-dents cassé va rester caché dans l'ourlet.

Peut-on vraiment guérir des gens rien qu'en les touchant? Peut-être, mais avec un onguent. Jamais personne n'a réussi à prouver qu'on pouvait soigner des gens grâce à la magie. Mais grâce à la médecine, oui.

La vidéo d'OVNI

Que dirait ta famille si tu lui montrais une vidéo d'ovni que tu as tournée depuis la fenêtre de ta chambre? Ton ovni s'est arrêté quelques secondes, comme suspendu dans les airs, puis il est reparti et a disparu derrière un gros truc, comme un grand bâtiment, une montagne ou un grand chien danois.

Tes parents diraient probablement ce que tout le monde dit devant ce genre de canulars : mais qu'est-ce que c'est que ça? C'est une vidéo d'un faux ovni, que tu peux tourner chez toi. L'effet est tellement réussi qu'on en trouve des quantités sur Internet.

Il te faut

- 1 caméra vidéo
- 1 trépied
- 1 morceau de carton qui a la forme de quelque chose de gros qu'on aperçoit de ta fenêtre. (Si c'est un immeuble, tu n'as besoin que d'un rectangle de carton. Si c'est un arbre, découpe sa silhouette dans le carton.)
- 1 lampe de poche
- 1 ami qui est dans le coup

1. Quand il fait noir, installe ta caméra vidéo sur le trépied et dirige l'objectif vers la fenêtre. Éteins les lumières de la pièce et mets la caméra en marche.

2. Demande à ton ami de tenir l'arbre en carton derrière la caméra, puis place-toi derrière lui et oriente ta lampe de poche allumée vers la fenêtre.

3. Pour l'objectif de la caméra, la lumière de la lampe de poche aura l'air d'un ovni qui passe devant ta fenêtre.

4. Fais bouger la caméra devant la fenêtre, d'avant en arrière et de gauche à droite, comme si c'était un ovni qui vole. Attention de ne pas toucher le carton avec le faisceau de lumière.

Araya visite la NASA

Est-ce que des astronautes en mission sur la Lune auraient par hasard filmé un ovni? Pour le savoir, Araya s'est rendu à la NASA. À sa grande surprise, on lui a dit qu'ils avaient en effet filmé un ovni, et on lui a permis de retirer ce document de la chambre forte!

Était-ce vraiment un vaisseau spatial extraterrestre? La NASA a-t-elle voulu étouffer l'affaire? Non, et non. En 2004, afin d'analyser ce film, des scientifiques ont utilisé de l'équipement de haute technologie et ont découvert que le supposé ovni était en fait un

Encore plus étonnant : quand Araya a visionné le film, il a vu exactement ce qu'on lui avait annoncé : en 1972, un objet ressemblant à un ovni était passé près d'Apollo 16 durant son vol de retour vers la Terre.

appareil d'éclairage fixé à la coque d'Apollo 16. Finalement, la seule chose que la NASA a voulu cacher, c'est sa marque d'ampoules préférée!

Le voyage dans le temps

Aimerais-tu être le premier enfant de ton quartier à voyager dans le temps? Voici un tour de cartes qui peut le laisser croire.

Il te faut

- 1 jeu de cartes, avec un gros X écrit sur chacune des cartes, sauf sur le quatre de trèfle
- 1 montre

1. Place le quatre de trèfle sur le dessus du paquet. Il n'y a que toi qui le sais. Dépose ton paquet sur la table, à l'envers. Demande à un ami de couper le paquet à peu près au milieu et de déposer la moitié supérieure à côté de l'autre.

moitié supérieure

moitié inférieure

2. Dis-lui : « C'est parfait. Maintenant je vais faire un repère à l'endroit où tu as coupé ». Prends la moitié inférieure du paquet et place-la de travers sur l'autre moitié.

3. Dis-lui : « Tu as coupé le paquet au hasard, d'accord? » Ceci détournera l'attention de ton ami pour quelques secondes, et il ne se souviendra plus quelle moitié était dessus et laquelle était dessous. Alors soulève la moitié supérieure et retire la première carte de la moitié inférieure. Dis-lui : « Voici la carte où tu as coupé ». En fait, c'est la carte qui était sur le dessus du paquet quand il a coupé, mais il ne le saura pas parce que tu as détourné son attention.

moitié inférieure

retire cette carte

4. Remets toutes les cartes ensemble, sauf la carte qui a été retirée. Dis à ton ami que tu vas voyager dans le temps pour aller voir cette carte dans le futur. Fais semblant d'appuyer sur un bouton sur ta montre, et dis-lui : « Me voilà de retour, et j'ai vu à quelle carte tu as coupé : c'est le quatre de trèfle ». Quand ton ami va retourner la carte mise de côté, il va découvrir le quatre de trèfle.

5. Dis-lui : « Ce n'est pas tout! Après m'être rendu dans le futur, je suis remonté dans le passé et j'ai marqué d'un X toutes les cartes que tu n'allais pas prendre en coupant ». Demande à ton ami de regarder le reste des cartes, et il découvrira un gros X sur chaque carte.

Voyager dans le temps, est-ce que c'est possible? Bien des scientifiques le croient, et pas seulement les savants fous, mais aussi d'autres qui sont vraiment sérieux et qui ont des assistants qui ne sont pas faits de morceaux de cadavres recollés ensemble. Autrement dit, ce n'est qu'une question de temps, avant qu'on arrive à voyager dans le passé ou dans l'avenir.

La photo de fantôme

Tu n'as pas besoin de croire aux fantômes pour en prendre un en photo. D'ailleurs, la plupart des supposées photos de fantômes sont généralement le résultat d'un accident, c'est-à-dire d'une simple coïncidence. Voici un truc pour prendre une photo de fantôme en provoquant toi-même un de ces « accidents ».

Il te faut

- 1 petit miroir
- 1 appareil photo

1. Trouve quelque chose d'effrayant à prendre en photo, comme une pierre tombale, un arbre mort ou un coin sombre dans ta cave.

2. Dépose un miroir sur ou dans ce que tu veux photographier, puis recule de quelques pas et prends quelques photos avec le flash.

3. Si l'angle est bon, la lumière du flash va frapper le miroir, puis revenir vers ton appareil photo en faisant une lueur qui aura quelque chose de fantômatique.

Christina photographie un fantôme

Serais-tu capable de descendre dans une cave supposément hantée? Christina l'a fait. Elle y est allée non seulement pour voir un fantôme, mais aussi pour en prendre un en photo.

Christina m'a montré sa photo et elle a appris qu'une boule de lumière est généralement la réflexion du flash sur un objet brillant ou même sur la poussière qui flotte dans l'air.

Quels genres de fantômes habitent donc dans les caves? Des fantômes de chauves-souris? D'araignées? De moisissures? En tout cas, d'après la légende, cette cave du Kentucky serait hantée par des humains : des TONNES d'humains! Est-ce que la boule lumineuse prise par Christina dans cette photo pourrait être l'un d'eux?

Christina a alors compris qu'il y avait dans la cave des tas d'humains qui transportaient des équipements ou des outils qui avaient pu réfléchir la lumière de son flash. Il y avait beaucoup de poussière, aussi. Donc, la lumière dans sa photo est probablement une simple réflexion de son flash OU LE FANTÔME D'UNE DANGEREUSE CHAUVE-SOURIS FONÇANT VERS ELLE!... Mais, plus probablement, une simple réflexion.

Comment lire dans les pensées

Crois-tu qu'on peut lire dans les pensées? Qu'en dirais-tu, si je te disais que je connais déjà ta réponse? Tu vas probablement penser que je fais semblant. Tu peux en faire autant grâce à ce petit truc pas mal du tout pour faire croire que tu peux lire dans les pensées.

Il te faut

- 1 tasse à café
- 4 pièces de monnaie différentes (1 ¢, 5 ¢, 10 ¢ et 25 ¢)
- 1 assistant secret, qui est dans le coup

1. Dépose la tasse et les pièces de monnaie sur la table.

2. Retourne-toi dos à la table et demande à quelqu'un (PAS ton assistant secret) de prendre trois des quatre pièces, n'importe lesquelles, et de les mettre dans sa poche. Maintenant, en tournant toujours le dos à la table, demande à ton assistant secret de retourner la tasse et de la déposer sur la pièce de monnaie restante. En le faisant, il va pouvoir t'indiquer quelle pièce se trouve sous la tasse, mais sans dire un mot. Comment? Disons que la tasse est comme une horloge et que son anse représente la grande aiguille. Ton assistant va placer l'anse de façon à te faire connaître la valeur de la pièce cachée.

Pour une pièce de 1 ¢, = midi

Pour une pièce de 5 ¢ = 3 h

Pour une pièce de 10 ¢ = 6 h

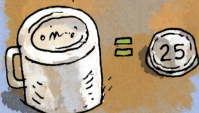

Pour une pièce de 25 ¢ = 9 h

3. Quand tu te retourneras, ton assistant aura placé la tasse dans une des quatre positions ci-dessus. Il ne te restera plus qu'à regarder comment l'anse est placée. Puis tu fermeras les yeux et tu feras semblant de lire dans les pensées de ton assistant pour savoir quelle pièce est sous la tasse.

Des tas de gens prétendent pouvoir lire dans les pensées, mais est-ce que c'est vrai? Je suis en train de chercher la réponse (ça rime avec « avion »).

Les traces d'atterrissage d'OVNI

Tes voisins vont penser que des extraterrestres ont atterri! Le journal local va venir prendre des photos! Le journal télévisé du soir va peut-être même t'interviewer! Qui a laissé les mystérieuses traces d'atterrissage dans le terrain vague près de chez toi? Des extraterrestres? Des fantômes? Une vache avec une grosse otite? On ne le saura jamais (sauf toi, qui es le seul à connaître la vérité).

Il te faut

- 1 terrain avec de hautes herbes (d'abord, demande la permission au propriétaire)
- 1 piquet en bois attaché à un rouleau de corde
- 1 planche avec un bout de corde attaché de chaque côté

1. Plante ton piquet dans le terrain. (Tu n'as pas oublié de demander la permission, j'espère?) Puis déroule la corde en t'éloignant du piquet et assez loin pour pouvoir ensuite dessiner un grand cercle. Garde ta corde bien tendue et marche en rond autour du piquet central, en piétinant l'herbe pour dessiner le pourtour de ton cercle. Quand c'est fait, tu n'as plus besoin de la corde ni du piquet.

2. Pose la planche par terre, contre le pourtour du cercle, et prends les deux cordes dans tes mains. Pose le pied sur la planche, ce qui va écraser l'herbe qui se trouve dessous.

3. Soulève la planche à l'aide des cordes et continue de piétiner l'herbe, en décrivant des cercles de plus en plus petits. Une fois rendu au centre, ta trace d'atterrissage d'ovni sera terminée.

Araya fabrique des traces d'atterrissage d'OVNI

Araya s'est rendu en Angleterre, là où des traces d'atterrissage d'ovni ont été signalées pour la première fois. De plus, il en a fabriqué lui-même. À la nuit tombée, avec quelques experts en la matière, il s'est glissé dans un champ et il a dessiné des traces

en utilisant des planches de bois.
Le lendemain matin, il est monté dans un avion pour voir ce que ça donnait. Il n'en croyait pas ses yeux!

C'était comme les supposées traces d'ovni! Finalement, on s'est rendu compte que toutes les traces d'ovni (même les plus compliquées) pouvaient avoir été faites par des humains. Évidemment, s'il y a des extraterrestres qui tournent en orbite autour de la Terre, ils peuvent très bien avoir fabriqué de là-haut des traces d'atterrissage d'ovni en utilisant des lasers, des micro-ondes ou des planches avec de très très longues cordes. Mais la question demeure : pourquoi auraient-ils fait ça?

Le mot de la fin de Dave Le Sceptique

Alors, maintenant que tu as appris tous les trucs, les tours de passe-passe et les expériences expliqués dans ce livre, te sens-tu prêt à devenir un aventurier du mystère? Presque? Il ne te reste plus qu'une seule chose à apprendre, et c'est très difficile à admettre pour la plupart des gens. (Personnellement, j'ai fini par l'admettre alors que j'étais pris dans des sables mouvants, avec un ours qui me faisait caca sur la tête.) Quand tu crois avoir vu un fantôme, senti l'odeur d'un zombi ou rencontré quelqu'un qui lit dans les pensées, n'oublie jamais ceci : les apparences sont trompeuses! Le fantôme pourrait être une simple illusion d'optique, le type qui lit dans les pensées pourrait ne faire que semblant et le zombi pourrait être un pauvre mort-vivant qui s'est échappé de sa tombe… ATTENDS!… D'accord, c'est juste parce que je voulais que tu gardes l'esprit ouvert.

En tout cas, dans tout ça, c'est à toi de décider si tu veux aller voir plus loin, chercher des éléments de réponse ou consulter des experts. Tu peux le faire dès maintenant, en essayant de comprendre comment je fais pour disparaître! Il te suffit de photocopier cette page et de découper les rectangles avec les dessins de Dave ci-dessous. Ensuite, tu suivras les instructions, et tu me verras disparaître. Mais ne te décourage pas si tu n'arrives pas à trouver la clé de ce mystère. Au moins, toi, tu n'es pas coincé dans des sables mouvants, avec un ours qui te fait caca sur la tête!

Place les trois rectangles comme ceci et compte les Dave. Ça devrait faire 15.

Maintenant, place les rectangles comme ceci et recompte les Dave. Plus que 14, hein! Dave numéro 15, où es-tu?